EL CEREBRO MILLONARIO

Conviértase en un Imán de la Riqueza

Por Emir Samsores

Publicado en España Por:

Emir Samsores

© Copyright 2017

ISBN-13: 978-1544853314
ISBN-10: 1544853319

Tabla de Contenido

1

Introducción

En materia de dinero mucho se ha dicho. Que el dinero es malo, que los ricos no van al cielo, que es pecado tener tanto dinero, que el dinero no compra la felicidad, que si tienes mucho dinero serás un esclavo, que los ricos no pueden disfrutar a su familia, que los ricos son avaros, déspotas e infelices y paremos de contar.

Estas aseveraciones tan arraigadas en la sociedad son además de **falsas** el mayor culto que se le ha rendido a la incapacidad, el conformismo, el fracaso y el miedo.

Señores, **¡El dinero sí es bueno!** ¡**sí es necesario!** Y ser rico no tiene nada de malo.

Los millonarios viven tranquilos porque saben que sus fortunas están constantemente produciendo y multiplicando cada vez más sus recursos y por ello son libres, emplean su tiempo en su familia, su gozo y su disfrute. El dinero en exceso elimina las preocupaciones y otorga la tranquilidad de poder hacer frente a cualquier contingencia que pueda presentarse.

Los millonarios **poseen los medios** para ayudar a otros, un millonario construye millonarios a su alrededor, genera fuentes de empleo, inspira al crecimiento.

La satanización en torno al dinero ha sido erradamente establecida y confundida con el comportamiento humano.

Si poseer una gran fortuna fuese la razón de la maldad en la humanidad, **no existirían pobres de malos sentimientos,**

delincuentes y hasta asesinos y de estos ejemplares hay muchos en todos lados.

Lo que sí es muy cierto, aunque suene cruel y de alguna manera desesperanzador es que **los ricos cada vez serán más ricos y los pobres cada vez serán más pobres.**

Hagamos un alto, no nos desanimemos, **los pobres también pueden volverse ricos**, sí, así como estás leyendo, **TÚ PUEDES LLEGAR A SER TAN MILLONARIO COMO QUIERES.**

Es una cuestión de **actitud.** Ser rico, es sencillamente pretender que la prosperidad, el éxito, la abundancia y el dinero estén presentes en tu vida, es sentirte digno y merecedor de las bondades de la vida para ti y para los tuyos.

La fórmula para atraer el dinero ha sido vendida durante mucho tiempo como un **gran secreto** ¡otra falacia! Pues tal secreto NO existe, no se trata de un enigma, todo lo contrario, sí hay una fórmula y está enteramente a nuestro alcance, lo que ocurre es que muchos nos limitamos a **ver y no a observar**, he ahí el gran detalle.

¿El estudio? No necesariamente.

Es curioso observar un fenómeno muy común, millonarios que han amasado grandes fortunas sin haber pisado una escuela y pobres con envidiables niveles de preparación universitaria a la espera de un mero y modesto puesto de trabajo.

Los millonarios son personas que han tenido a bien **adelantarse** en el camino, son seres que revisten unas características dignas de consideración y mucho análisis si queremos llegar a donde ellos lo hicieron.

Según la ley universal de acción y reacción, a iguales acciones iguales reacciones. Hay quienes desde pequeños son **programados** para meramente sobrevivir en la vida, inconscientemente han recibido millares de instrucciones para nunca dejar de ser pobres, seguramente porque sus padres también crecieron con la convicción de que el dinero no es necesario, o es malo tenerlo, o no es importante porque no da la felicidad.

Otros por el contrario han crecido y forjado a lo largo de sus vidas la idea de que el dinero es la fuente de producción de más dinero y tal idea o convencimiento puede que haya sido infundada por patrones de crianza recibidos, pero puede ocurrir también que haya sido la consecuencia de decisiones intencionalmente tomadas hacia las cuales dirigieron todos sus esfuerzos y hoy cosechan merecidamente el triunfo.

Esta es la razón que justifica el **por qué en el mundo habitan seres que atraen la riqueza** como si fueran imanes y seres que aunque se maten trabajando nunca logran salir de la pobreza: **Los patrones mentales.**

"Todo está en la mente, allí reside el verdadero y único poder"

La concepción personal del dinero, la riqueza y la abundancia se derivan fundamentalmente de las emociones, los comportamientos, los pensamientos y las experiencias vividas, su sede se encuentra en la mente.

La mente humana funciona como **un ordenador,** tiene programas que han sido instalados durante nuestro crecimiento, incluso antes de nacer y siempre, siempre, siempre la insatisfacción, la infelicidad y los temores se encuentran alojados en ella como factores limitantes que se traducen en paradigmas, esquemas y creencias que producen estancamiento.

Si se es consciente de que nuestra realidad se encuentra estrechamente determinada por nuestros pensamientos y creencias es factible convencerse de que al ser **modificados nuestros patrones mentales** indefectiblemente esa realidad que vivimos sufrirá una alteración y transformación positiva o negativa en función de la cual nos reprogramemos a nosotros mismos.

Ahora que la acción resulta un tanto compleja, puesto que por tratarse de creencias alojadas en nuestro interior por muchos años, estas se encuentran **arraigadas consciente e inconscientemente**, de manera que producir el cambio no es tarea fácil, pero bien vale la pena intentarlo.

Para erradicar las creencias limitantes de nuestra mente, es imprescindible **reconocerlas** solo así será posible realizar un proceso de limpieza que permitirá la instalación de nuevos patrones de pensamiento y de conducta planificados deliberadamente hacia el logro de nuestros objetivos.

Las metas deben necesariamente ser definidas y esto incluye desde aquello que queremos hasta la forma cómo lo vamos a obtener, es por ello que a lo largo de esta obra la constante será invitarte a cuestionarte sobre interrogantes como estas:

¿Cuánto dinero quieres tener? ¿Cuán rico quieres ser? ¿Qué harás cuando seas rico?

El mundo interior crea al mundo exterior, la riqueza se atrae, se crea y se representa en forma material, sin embargo el dinero es su medio de expresión, **la verdadera riqueza es un concepto más amplio**.

Los estudios realizados a nivel científico y psicológico revelan que la generalidad de las personas esperan encontrar la abundancia, la riqueza, la prosperidad y éxito en el exterior y a fuerza de trabajo, mucho trabajo. Cuando lo cierto es que si estos anhelos no son cultivados en el interior del ser jamás podrán ser alcanzados.

La riqueza se fomenta y se crea en función de los **valores personales**, el sentido de merecimiento la atrae, los esquemas mentales respecto de la prosperidad y el dinero logran mediar la cantidad de riqueza que se es capaz de generar, las convicciones permiten recibir la abundancia y todo esto gira en torno a un propósito de vida clarificado y definido.

En tu interior habita un millonario que está esperando ser descubierto, retira la venda que cubre tus ojos y enfócate ¡**tú también podrás!**

Capítulo 1

EL DESEO

"Felicidad no es hacer lo que uno quiere, sino querer lo que se hace"

Jean-Paul Sartre

El deseo es la primera manifestación de una futura realidad.

La búsqueda incesante del ser humano por satisfacer necesidades nos ha llevado durante siglos al desarrollo de civilizaciones y de niveles de bienestar impensables hace solo cientos de años.

Y esto ¿cómo ha sido posible?

En la antigüedad alguno de nuestros antepasados deseó no pasar frio y hambre en el invierno, a partir de ese deseo desarrolló formas de calentarse mediante el empleo del fuego y las pieles de animales que eran cazados y encontró técnicas de conservación de alimentos.

Hasta este punto hablamos de necesidades meramente de subsistencia, pero a medida que el ser humano cubrió sus necesidades básicas fueron surgiendo otros tipos de necesidades como las de seguridad, socialización, reconocimiento, hasta llegar a las de auto realización que son las más elevadas.

La riqueza, la abundancia, la prosperidad y el éxito son parte integrante de estas necesidades de auto realización y trascienden el plano de lo material. Se gestan en nuestro interior, se crean y resultan de cambios profundos en nuestros sistemas arraigados que permanentemente nos han mantenido bloqueados y se expresan hacia el exterior mediante la actitud con la que afrontamos la vida y todo lo que esta supone atravesar.

Para ser rico, millonario en lo material hay que comenzar por alimentar la fortuna emocional y espiritual.

El por qué del deseo

Todos tenemos un propósito en la vida y desdichadamente muchos no logran descubrirlo. Estas personas deambulan por la vida subsumidas en el agobio, la ansiedad, el estancamiento en el soñar y motivado a esa ausencia de acción pasan sus días hundiéndose en lo incierto de un futuro cada vez menos prometedor.

El miedo al fracaso paraliza la realización y ejecución de proyectos y metas, consecuencialmente su incidencia en el aspecto salud, laboral y relacional es directa y muy negativa.

El deseo es la acción de pensamiento consciente hacia el descubrimiento de nuestro propósito de vida y su realización. De allí que partiendo del querer hacer son desencadenadas las acciones sucesivas en función del mejoramiento a todo nivel.

El factor determinante del éxito financiero no es el dinero, sino las cualidades personales que permiten atraerlo, ganarlo, conservarlo y multiplicarlo y todo ello parte de la idea de desearlo.

Cuando deseamos conscientemente, tocamos la mente subconsciente y la llenamos de información en pro de los cambios que esperamos implementar en nuestras vidas.

Lo que en realidad desees con profunda convicción lo alcanzarás.

La fuerza del deseo es el motor de la voluntad, así lo expresa la psicología moderna.

Hay que empezar por entender que el progreso no llega solo. Para obtener las manifestaciones de riqueza que queremos, ya sea una lujosa casa con piscina y áreas verdes, un espectacular auto, viajes, en fin, todo debe comenzar con un **deseo** seguido de un emprendimiento, mucha perseverancia e inclinación al logro, en cortas palabras.

Por desear no te cobran

Al deseo hay que darle rienda suelta. ¿Qué queremos alcanzar?, ¿qué queremos tener?, ¿qué queremos mejorar?, ¿Cuánto queremos tener?, ¿En cuánto tiempo seremos millonarios? ese condominio de lujo, ese master en el extranjero, recorrer el mundo a nuestras, el yate, nada llegara si antes no lo deseamos.

El tamaño de nuestros deseos condiciona nuestras acciones futuras

Si solo aspiramos poseer comida y vestido nuestras acciones estarán enmarcadas en una subsistencia llena de conformismo, alcanzaremos una forma simple y rudimentaria de ganarnos la vida sin mayores aspiraciones, basada en un trabajo manual o físico o quizás en el ejercicio de un empleo intelectual a cambio de un mísero sueldo, con muchas privaciones y lo que es peor, sólo eso tendremos.

Si limitas tus deseos ahorcas un futuro prometedor antes de nacer, si deseas apenas lo necesario un trabajo, una casa y un sueldo, eso mismo es lo que obtendrás porque es lo que deseas y de allí partirán tus acciones, tu plan de vida aunque no lo escribas o lo plantees estará orientado a una existencia austera, solo tú puedes condicionar tu futuro a partir de tus pensamientos y tus deseos.

No es soñar para separarse de la realidad y despertar y volver a donde estabas inicialmente, es desear con fervor, con emoción y con profunda convicción.

Si deseas riquezas ilimitadas, una vida llena de opulencia y abundancia, pues eso mismo te devolverá la vida.

El deseo de riqueza y la libertad financiera

La libertad financiera es un concepto que alude a alcanzar un nivel en cual nuestros ingresos pasivos son **por lo menos** igual a nuestros gastos.

Los ingresos pasivos son aquellos que percibimos sin hacer nada, pueden ser rentas, dividendos, intereses o cualquier ingreso que llegue a nosotros sin que su obtención implique la acción reiterada y constante orientada a su producción.

Si puedes darte el lujo de irte de vacaciones durante 3 meses dejando el trabajo y tus finanzas sin que estas sean alteradas en razón de tu ausencia, es porque tus ingresos pasivos cubren tus gastos, eso es Libertad Financiera.

No siempre los ricos tienen libertad financiera y esto es algo muy importante de reconocer. Por ejemplo, los deportistas famosos si no juegan no perciben los astronómicos ingresos que sus equipos les pagan ni los adicionales por publicidad. Una vez se retiran dejan de producir dinero y son conocidas las historias de deportistas que fueron millonarios en su juventud y que han llegado a la vejez en la pobreza, esto porque nunca alcanzaron su libertad financiera.

En palabras de Jesucristo, el hombre más grande de todos los tiempos, "Al que pide, se le dará" Mateo 7:8

El secreto para el crecimiento, la abundancia, la riqueza, la prosperidad y el éxito reiteramos no es un secreto, es una fuerza que reside en ti, en ese cerebro millonario que habita en tu interior y que es capaz de convertir tus deseos en realidades.

Ahora que, vale preguntarse ¿Sabes exactamente qué es lo que quieres? ¿Cómo puedes esperar que la vida conspire a tu favor y te de lo que quieres si no sabes qué es exactamente eso?

En este preciso instante comienza tu transformación y tu redescubrimiento.

Si no deseas nada, nada tendrás

Si lo que deseas lo percibes como poco posible afectas su intensidad y terminas por olvidar tu propósito.

La duda no tiene cabida, hay que programar el cerebro para la profunda convicción que de que el objetivo será alcanzado. Mientras más grande es el deseo y la convicción, más grande será la fuerza de tu voluntad accionando el universo y sus fuerzas hacia la realización de tu ser.

¿Qué desearon ellos?

Millonarios, famosos y felices que nacieron de familias modestas son la prueba viviente de que todo lo que se quiere se puede:

George Soros (85 años)

Nacido en Budapest hace 85 años, vivió el régimen nazi y terminó por establecerse en los Estados Unidos después de la guerra.

En 1973 inició su fondo de inversiones **Soros Fund Management** y se hizo mundialmente conocido porque en 1992 apostó todo en contra de la libra esterlina, un movimiento maestro que le produjo 1000 millones de dólares en un solo día.

Al día de hoy Soros continúa al frente de su fondo de inversiones gestionando más de 25.000 millones de dólares en las empresas más reconocidas del mundo.

Mark Zuckerberger (31 años)

A los 19 años en la universidad de Harvard hizo un experimento de red social para alumnos de esa universidad, hoy día Facebook atiende más de 1000 millones de usuarios al día y el valor de la compañía se estima en más de 275 mil millones de dólares.

Warren Buffet (85 años)

Compró las primeras acciones de una compañía con apenas 11 años y las vendió con una ganancia de 5 dólares.

Fue rechazado en la escuela de negocios de Harvard y luego estudió en la escuela de negocios de Columbia.

En los años 50 fue analista de inversiones y en 1969 adquirió una empresa textil llamada **Berkshire Hathaway** la cual convirtió en un gran holding que le permitió obtener lo que es hoy su fortuna de más de 60 mil millones de dólares.

Se ha caracterizado por ser un inversionista que va en contra del mercado, compra cuando todos venden y viceversa.

Se especializó en invertir en empresas subvaloradas. Es un gran filántropo.

Amancio Ortega (79 años)

Este español es hoy el segundo hombre más rico del mundo gracias a la empresa española especializada en moda **Inditex.**

Comenzó como repartidor de tienda a los 14 años.

A la cabeza de Inditex ha desarrollado un modelo de negocios para ofrecer al público moda de alto nivel a precios bajos, su marca más conocida es las tiendas Zara.

Es un hombre de hábitos muy sencillos que aun hoy almuerza en el comedor de empleados de la empresa.

Carlos Slim (76 años)

Ingeniero civil mexicano, desde muy joven se dedicó a los negocios y a la compra venta de bienes raíces.

En 1997 realizó importantes inversiones en Apple justo antes del lanzamiento de la I Mac, con lo cual multiplicó varias veces su fortuna.

Está vinculado desde los años 90 a los sectores de telefonía y medios en México y Estados Unidos.

Ha sido considerado varias veces el hombre más rico del mundo.

Jeff Bezos (52 años)

Ingeniero de profesión. Inició su carrera en una empresa de fibra óptica y luego en un fondo de inversiones en Wall Street.

En 1995 abrió con oficinas en el garaje de su casa y 300 mil dólares principalmente de sus padres una librería virtual llamada

CADABRA.COM en la cual ofrecía un interesante catálogo de libros de diferentes editoras, poco tiempo después rebautizó su sitio web como **AMAZON.COM**, hay quienes piensan que es una referencia al rio Amazonas, pero lo cierto es que fue una estrategia deliberada para de posicionamiento pues en aquel tiempo las búsquedas se ordenaban alfabéticamente.

Hoy el patrimonio de Jeff Bezos se estima en más de 66 mil millones de dólares.

Luis Von Anh (36 años)

Es un ingeniero en computación Guatemalteco creador de las aplicaciones mundialmente conocidas de **Capcha** y **Recapcha** las cuales fueron vendidas a Google en más de cuarenta millones de dólares.

Hoy está a la cabeza de **Duolingo** que es una plataforma gratuita de aprendizaje de idiomas que la inició para ayudar a sus compatriotas latinoamericanos en los Estados Unidos.

Este portal no obtiene recursos de quienes aprenden un idioma, el verdadero negocio está en realizar traducciones que a través del servicio que prestan son hechas y revisadas por las mismas personas que están aprendiendo otro idioma en el portal.

Es un promotor del Crowdsoucing que es la externalización de tareas a un sin número de personas a través de una convocatoria abierta

Larry Ellison (72 años)

Nació en Manhattan, Nueva York. Fue un estudiante brillante pero poco atento, se inició laboralmente en el sector de la tecnología.

En 1970 se unió a dos de sus antiguos jefes para hacer un trabajo a la medida, al finalizar se comprometió a no hacer más trabajos de este tipo y empezaron a trabajar bases de datos relacionales.

Con apenas 1400 dólares junto a sus dos socios inició la empresa **Laboratorio de Desarrollo de Software (SDL)**, posteriormente fue rebautizada como **Oracle.**

La base de datos Oracle, hoy es patrimonio de Larry y se estima en más de 50 mil millones de dólares.

Ingvar Kamprad (89 años),

Multimillonario sueco, es el fundador de la mayor empresa de muebles del mundo. Con 17 años, en 1943 creó la famosísima cadena **IKEA** con un dinero producto de la recompensa que recibió de parte de su padre por su éxito en los estudios.

Al inicio comenzó vendiendo distintos productos, desde cerillas de fósforos hasta medias. Mientras que sus compañeros de escuela se interesaban por el fútbol y salir con las chicas, Kamprad estaba pensando en cómo ampliar su negocio.

En 1953 realizó su primera exposición de muebles en **Älmhult**, Suecia. Hoy en día con 89 años es el dueño de la mayor compañía de muebles a nivel mundial.

Posee una enorme fortuna de más de 3500 millones de dólares de acuerdo a Forbes.

Aristóteles Onassis (1906-1975)

Era un inmigrante griego en los años 20 en la ciudad de Buenos Aires. Comenzó limpiando vidrios en una sastrería y después consiguió trabajo como telefonista, falsificando su identidad para ser seis años más viejo y estar en condiciones de trabajar.

En las noches estudiaba la dinámica del mercado financiero, con lo poco que ganaba logró comprarse ropas muy finas y sofisticadas, así se fue introduciendo en la clase alta de buenos aires. Gracias a sus amigos se inició en la importación de tabaco turco que estuvo muy de moda entre las mujeres en los años 20, en los años 30 compro dos barcos en Canadá y se inició en la industria naval, a los 25 años ya tenía 1 millón de dólares.

Llegó a ser el más importante empresario naval del siglo 20 y el hombre más rico de su época.

Capítulo 2

CREER

"A menos que creáis en vosotros mismos, nadie lo hará, este es el consejo que conduce al éxito"

John D. Rockefeller

La fe es la confianza en lo que no es tangible por su naturaleza.

Respiramos aire que no vemos, sabemos que el sol saldrá de nuevo mañana aunque no depende de nosotros, después del invierno llega la primavera, son todas afirmaciones basadas en la confianza.

Confiamos y le tenemos fe a personas de nuestro entorno y a algunas que incluso no conocemos, esas son manifestaciones importantes. Ahora bien ¿nos tenemos fe a nosotros mismos?

La fe es la certeza, la seguridad y la confianza en una persona, una divinidad, una opinión, doctrina o religión. Es algo impalpable que reviste una enorme fuerza que es capaz, como dice el dicho de mover montañas.

La historia está llena de personas que apenas con lo justo para comer y con mucha confianza y determinación crearon imperios económicos o riquezas sin igual y el **factor común** entre estas personas exitosas es la confianza y la fe que se tenían a sí mismos.

La fe es un estado mental

Se puede considerar que nuestra fe, genera un pulso vibratorio en nuestro subconsciente porque a partir del deseo, logramos programar nuestra mente y focalizar toda nuestra energía en ello.

Es así pues que la fe pasa a ser como una especie de escalera mística entre nuestra realidad y aquello que deseamos lograr, puede considerarse esa fuerza intensa entre nuestros pensamientos y sentimientos.

La fe también es una decisión, un acto voluntario y deliberado impregnado de emoción positiva y en consecuencia un estado mental. Al ser instalada en nuestro cerebro y estimulada reiteradamente, logra impulsar nuestra autosugestión, que es esa influencia personal que tenemos nosotros mismos en nuestra mente subconsciente que logra proyectar toda esa energía hacia los objetivos planteados.

Las creencias limitantes

La confianza, la resilencia y la fe en nosotros mismos desplazan al miedo, nos hacen asertivos y afilan nuestro discernimiento haciéndonos resistentes a aquellos bloqueos preestablecidos y fijados por las creencias limitantes que nos han infundado a lo largo de nuestro vivir y que nos paralizan ante la oportunidad de crecimiento.

Las creencias negativas en torno al dinero pululan en la mente subconsciente y operan como mecanismos de auto protección contra los sentimientos de frustración, dolor e impotencia que pudieran desencadenarse por la vivencia de situaciones especiales propias o ajenas generalmente asociadas a la pérdida o al fracaso.

Las motivaciones o percepciones erróneas, también llamadas creencias limitantes fueron denominadas por Aaron Beck, padre de la terapia cognitiva como **"distorsiones cognitivas"**, enmarcando dentro de esta generalidad aquellos errores que sistemáticamente comete el pensamiento al procesar la información recibida. Para la psicología cognitiva, el factor que determina la vida de cada persona no es lo que le pueda ocurrir sino **la forma en la cual lo interprete**.

Las creencias limitantes no son males incurables, por el contrario, pueden ser eliminadas conscientemente al ser sustituidas por pensamientos alternativos, lo que sí es muy importante es agudizar el sentido de autoconocimiento para así poderlas identificar, en esta práctica puede resultar de gran ayuda el apoyo de un coach personal o un terapeuta.

Como verás, si reconocemos que en nuestra mente se alojan creencias limitantes que nos mantienen bloqueados en torno al dinero y la riqueza hay que accionar, hay que liberarse de ellas ¿cómo se hace esto? Se dice sencillo y fácil, **reprogramándonos**, hacerlo, requiere especial atención.

La reprogramación de la mente supone estimular el cerebro consciente y subconsciente, sustituir tus creencias, modificar tus hábitos y pensamientos, sustituir aquello que te bloquea por pensamientos de apertura y merecimiento. Incorporando en tu conciencia este conocimiento estarás en absoluta capacidad de saborear el éxito en todo cuanto te propongas y en crear ilimitada abundancia sin esfuerzo, sin preocupación y sin sacrificio.

La autosugestión

La autosugestión es ese poder ilimitado de nuestra mente que se relaciona con nuestra fe y motivación.

La mente es una poderosa herramienta y opera aprendiendo de todo cuanto la persona ve, siente, toca, percibe, oye y prueba. En sintonía con esto, procesa la alegría, la tristeza, la frustración y el miedo entre muchos otros sentimientos produciendo la fusión, esto es, las conexiones neuronales permanentes, lo que quiere decir que cada neurona actúa interconectándose con otras e intercambiando información, de allí se producen nuestras ideas y en la medida en que las repetimos, practicamos y repasamos se van arraigando, la mente va aprendiendo, fijando y perfeccionando procesos, tanto positivos como negativos.

El cambio en los paradigmas arraigados se logra cuando los pensamientos que se pretenden implementar a objeto de modificar los patrones mentales se repiten, se reiteran, se hacen hábito.

Para ello lo mejor es valerse de herramientas, información y hasta tecnología conformando así un sistema que en el caso que nos ocupa sustituirá los patrones de pobreza, escasez y carencia por patrones de abundancia, riqueza, prosperidad y éxito.

Cuando practicamos la autosugestión y programamos nuestra mente hacia el objetivo deseado damos rienda suelta a nuestra creatividad y aprendemos a creer en nosotros mismos, en nuestras potencialidades y comenzamos a descubrir muchas otras habilidades dormidas en nuestro subconsciente.

La autosugestión puede hacerse de forma relajada oral o visualmente, haciendo **repeticiones** y **afirmaciones** para trasladar una idea hasta lo más profundo de nuestro cerebro millonario.

Una vez fijamos ideas en nuestro subconsciente este moverá cada célula e impulso de nuestro cuerpo en la dirección indicada, es programarse para el éxito.

El poder de la autosugestión es infinito, y su éxito depende de la disciplina en la aplicación de los ejercicios prácticos, en la convicción con que se realicen y en la constancia.

La mala suerte NO EXISTE, no es algo real

Todos hemos escuchado a personas que se refieren a otras como afortunadas e infortunadas, que Juan tiene mala suerte en el amor, que buena suerte la de Pedro que se ha ganado la lotería, que mala suerte los que vivían en Haití cuando el terremoto o que buena suerte la de una persona que no abordó un avión que luego se accidentó.

Si alguna persona se siente menos afortunada que los demás atrae lo negativo, si un estudiante universitario no estudia lo suficiente porque igual va a salir mal, pues lógicamente está construyendo su fracaso, no es que tenga mala suerte, es que simplemente no preparó su éxito y la raíz de su tropiezo está en que no se siente merecedor de cosas buenas, no confió en sí mismo.

Si te programas adecuadamente, deseas algo con pasión y trabajas en ello sin dudar por un instante lograrás tu cometido y no será gracias a la suerte, será gracias a que tú te lo propusiste y lo lograste, es tu poder de desear, confiar y de realizar.

Sí al pensamiento positivo, NO al pensamiento negativo

Las actitudes positivas inciden de forma favorable en quienes las han internalizado, alguien que quiera un mejor empleo y se ha propuesto en conseguirlo, confía en ello, trabaja y se prepara en función de su objetivo, está en permanente búsqueda de nuevas oportunidades en el mercado laboral, se presenta confiado y preparado para un proceso de selección y con la confianza a tope tiene muchas probabilidades de conseguirlo, además con este mejor trabajo podrá obtener una mejor casa, vacaciones, ahorros en fin, una mejor calidad de vida que por cierto no encontraría si en su mente se alojaran ideas pesimistas.

Positivismo y negativismo operan cíclicamente. Si enfocamos nuestro pensamiento en ideas positivas cual bola de nieve vendrán acciones favorables, oportunidades y logros, caso contrario si nos dejamos invadir por el negativismo con éste vendrá la paralización, la falta de motivación, el desgano y finalmente el fracaso.

Si piensas que no lograrás lo que deseas, que las cosas buenas no son para ti, pues sencillamente te frustrarás, nada conseguirás y como es de esperarse, nada pasará.

La Autoestima

Todo ser humano tiene una imagen de si mismo, como nos vemos, hacia qué se orientan nuestras habilidades, qué se nos facilita y las cosas que creemos nos cuestan más que a la mayoría. Algunos son buenos para los números a otros les gusta la música, hay quienes no les gusta trabajar con gente y hay quienes se sienten de maravilla atendiendo público.

Lo cierto es que cada uno de nosotros tiene un cuadro de sí mismo, una autoimagen, que se ha formado principalmente por las interacciones con nuestros semejantes y nuestras experiencias a lo largo de la vida, esa imagen mental o autoimagen contribuye de manera directa a nuestra autoestima.

El ser humano debe ser capaz de confiar y respetarse a sí mismo, dado que la capacidad de raciocinio le permite distinguir entre lo bueno y lo malo, y el milagro de la vida es ya un mandamiento de procurar conseguir la felicidad, con lo que se puede afirmar que el estado natural de la autoestima del ser humano tiene que ser elevada.

Es usual en personas con alta autoestima comportamientos asociados a iniciar nuevos proyectos, a innovar en la forma como trabaja, se interesa en aprender cosas nuevas, rechaza y se aleja del pesimismo, se esfuerza día a día, no se conforma, está presto a capitalizar oportunidades.

En la faceta contraria podemos reconocer como síntomas de baja autoestima cuando un individuo tiene poca confianza en sí mismo, se desprecia como persona, no asume responsabilidades ni retos, se conforma, es fácilmente influenciable, manifiesta episodios depresivos, se mantiene en una zona cómoda y si lo sacas de su rutina se pone a la defensiva, entre otros comportamientos.

La autoestima sufre golpes que la van minimizando y disminuyendo, golpes auto infringidos o también ocasionados por personas de nuestro entorno. En muchos casos los niveles de autoestima suelen ser afectados sin que el propio individuo se dé cuenta. Detectar si esto nos está ocurriendo es un reto que a diario nos debemos imponer.

Para desarrollar un cerebro millonario es vital que los niveles de autoestima sean altos y saludables. Ahora para mantener elevada esa autoestima el trabajo interno debe avocarse a aceptarnos como seres humanos con defectos, con grandes virtudes y con mucho que aportar, amar nuestro cuerpo, reconocer nuestro esfuerzo, felicitarnos ante el triunfo, impulsarnos ante la derrota temporal, aceptar las oportunidades de mejora en aquello que no ha salido como se espera, ser objetivo con nosotros mismos, detectar y rechazar las malas influencias, pensamientos y falsos paradigmas que nos limitan.

Solo así podrá alimentarse el círculo de positivismo, motivación, emprendimiento y logro, que será el caldo de cultivo para la consecución de todo, absolutamente todo lo que queremos.

Ese trabajo interno es un proceso a desarrollar en la psique y como todo proceso tiene una dinámica que se traduce en hacerlo un hábito diario que consistirá en desarrollar partiendo de la base de sentirnos merecedores de las mejores cosas y a su vez de reconocernos como seres llenos de habilidades, en implementar en nuestras rutinas una serie de actividades que nos conforten y nos llenen de razones para seguir creciendo.

Algo así como:

- Escuchar tu voz interior antes que la de los demás
- Descansar lo suficiente, dormir por lo menos 8 horas diarias
- Regalarte una siesta de diez minutos después del almuerzo cuando el deber lo permita
- Comer sano y agradar a tu paladar con los sabores que disfrutas
- Mantenerte hidratado
- Hacer ejercicio
- Retomar las actividades que han desatado pasiones en tu vida y de las cuales te ha alejado la rutina como un cine a la semana o disfrutar un café y un libro
- Hacer una buena acción cuando puedas
- Usar ropa cómoda en especial los zapatos deben ser muy confortables
- No emitir juicios de valor de las personas a tu alrededor
- Tratar de escuchar más a las personas cercanas
- Saber decir No
- Aprender cada vez que puedas algo nuevo
- Comprometerte a eliminar los pensamientos negativos, a alejarte de las personas pesimistas o cuando menos a hacer posible que no incidan en tu proceso.
-

El cambio será inmediato y te sorprenderá gratamente.

Todo es posible cuando hay Fe

La fe en ti, en tus proyectos y en tus metas debe ser inquebrantable, incólume y la fuerza que la sostenga será determinada por la emoción y el fervor que les sepas imprimir.

Fe y autoestima son conceptos que se retroalimentan. Mientras más elevados se encuentren tus niveles de autoestima tu fe resultará fortalecida y viceversa.

Recuerda siempre que la capacidad de resilencia del ser humano es infinita, no importa cuán bajo hayamos caído o cuan fuerte sea el trauma que hayamos pasado siempre nos podemos levantar y salir fortalecidos de cada crisis, más fuertes y con más determinación.

En tu cerebro habita un genio millonario

Hagamos un ejercicio. Busca en tus recuerdos eso que coloquialmente se denomina un episodio de "buena racha", es decir, un período en el cual todo salió bien. Por ejemplo, encontraste un trabajo, pudiste pagar unas deudas que tenías gracias a una bonificación que ganaste por tu gran desempeño, te hiciste novio de la chica que siempre soñaste, encontraste el apartamento que estabas buscando y hasta ganaste un premio de lotería.

Analicemos ¿Qué pasó durante ese período en el que todo fluyó como por especie de magia? Sencillo, fuiste tú cuando abriste tu mente y tu alma a recibir lo bueno de la vida, tal vez no fue en un acto consciente, pero lo hiciste.

Los millonarios reconocen el genio que llevan dentro, actúan y trabajan en función a esa premisa.

El genio millonario no se deja afectar por el exterior, no le importa el qué dirán ni la expectativa de los demás sobre su futuro. Es rebelde, no teme al fracaso, no le interesa que le llamen doctor, solo le interesa producir dinero y multiplicarlo, construye sus propias reglas, es un buscador de oportunidades de negocio, es arriesgado y disciplinado, comprometido y ha forjado una particular filosofía de vivir:

- Delega y aprende supervisando
- Gasta poco, gana mucho
- Entiende que gasto es diferente a inversión

- Observa y pregunta
- Indaga
- Aprende de finanzas
- Tiene por regla que toda adquisición o produce dinero o no resta el que se posee
- Controla el temor
- Ayuda a otros al triunfo

¿Te sientes identificado? ¿Reconoces el genio millonario que habita en ti? Excelente, vas por buen camino.

Capítulo 3

LA VISUALIZACIÓN

"Sólo triunfa en el mundo quien se levanta y busca a las
circunstancias y las crea si no las encuentra"

George Bernard Shaw

Para reprogramar el cerebro hay que conocer la forma como este
opera

El cerebro humano adquiere su aprendizaje a través de los cinco
sentidos, de tal manera que para implantar cambios en él es necesario
intencionalmente involucrar el plano sensorial en conjunto.

Así entonces, atraer dinero, convertirte en riqueza, dar la bienvenida
a la abundancia parte de la práctica de un sencillo ejercicio: Imagina
que tienes todo el dinero que deseas, ahora hazte las preguntas de
rigor: ¿Cómo te ves? ¿Qué hueles? ¿Cuál es el sabor que
experimentas? ¿Qué sonidos escuchas? ¿Qué estás sintiendo?, esto es
visualizar.

La visualización es una técnica orientada al logro de todos los
objetivos que te puedas plantear en la vida, una estrategia tan efectiva
que es empleada a nivel gerencial en la formación de líderes, en el
entrenamiento de deportistas para la mejora de su rendimiento, en
celebridades y en estudiantes mismos.

Una cosa es atraer dinero y otra diferente es conservarlo y
multiplicarlo. ¿Has escuchado de personas que lograron ganar la
lotería y en poco tiempo volvieron a la pobreza? ¿O de personajes
famosos que amasaron gran fortuna durante sus años de oro y hoy

día viven en la absoluta miseria? Lo que le ocurrió a estas personas es que no se prepararon para conservar y multiplicar su dinero.

La reprogramación mental debe orientarse, debe dirigirse a cubrir todos los flancos. Al visualizar reiteradamente que tenemos la riqueza que queremos conseguiremos asociar el dinero al pensamiento, a la acción y al hábito.

De la misma forma, visualizar qué haremos con toda esta riqueza refuerza los patrones implantados que al repetirse en pensamiento, palabra y acción llenarán tu cerebro de ordenes orientadas a tu principal objetivo, comprometiéndose la mente consciente y subconsciente en ello.

La mente millonaria visualiza el dinero y de inmediato genera ideas para su multiplicación, esto sucede porque el patrón de pensamiento asocia la riqueza y el dinero con la abundancia y la prosperidad en una especie de ciclo que tiende a repetirse o a mutar hacia el crecimiento y la expansión.

Depende entonces de tu voluntad emplear la asociación para tu provecho o beneficio asociando la riqueza que tanto quieres a la multiplicación, la felicidad, la plenitud, la libertad y la seguridad, **eres tú quien elige ser millonario.**

Un ejercicio: Imagina tus ingresos anuales, cuánto tiempo deseas trabajar, viajes, compras, estima el dinero que usarás, en qué invertirías, tus activos, la casa en la que quieres vivir, así te estarás visualizando, obsérvate viviendo esto y si por alguna razón oyes alguna voz que te dice que no puedes o que no sueñes intenta apartarla, no la escuches.

Una idea puede construir una fortuna

No siempre hay que innovar para llegar a la cima. Las cosas simples y sencillas tienen infinidad de maneras de ser abordadas.

Más importante que el objeto de la fuente de tu riqueza son los recursos con los cuales cuentas para llevarla a cabo, su sabio e inteligente uso.

Partiendo de una idea es posible crear un imperio, todas las grandes empresas se gestaron en una mente bajo esta forma.

Ahora que distinguir entre la multitud de ideas que atraviesan una mente abierta a la oportunidad de hacer grandes cosas, cuáles serán viables o productivas, esto es encontrar a la gallina de huevos de hora es un poco más complejo, y bueno, te hemos dicho que no es un secreto, esto no quiere decir que sea fácil, en todo caso el que no sea fácil NO implica que no sea posible.

Vayamos a la práctica, en el universo de ideas que inundan tu pensamiento abierto a recibir del universo todo aquello que quieres, deseas y anhelas, explora y realiza una especie de jerarquización, colocando en los primeros lugares aquellas ideas que revistan las características que te indicamos a continuación:

- Que sean simples y se encuentren claras y definidas, tanto que puedas explicarla en pocos minutos.
- Que ofrezcan o represente una solución a una necesidad real: Puede que en tu cabeza se haya gestado la mejor de las soluciones pero esta no será realizable si no existen personas que tengan ese problema.
- Que aporten un enfoque distinto, que innoven el mercado o mejoren las soluciones que ya hayan sido aportadas por tus predecesores.
- Que sean escalables, es decir que la curva de ingresos y beneficios que proyecte crezca con respecto a la proporción de los gastos que ocasione su implementación.
- Que sean expandibles, es decir que tenga potencial de crecimiento.
-

Las Ideas sin acción se anulan

Las ideas que no son accionadas son como las olas del mar, llegan y luego se van, se anula.

Tu idea debe ser proseguida de un plan de investigación tendente a evaluar su viabilidad, luego vendría la capacitación y adquisición del conocimiento necesario, planeando cada parte del proceso pues la improvisación no es palabra que se corresponda con el éxito.

Es esencial moverse de la zona de confort y comenzar a evaluar el provecho de juntar y movilizar los recursos que tenemos.

La curiosidad es muy importante

Ante cualquier necesidad del mercado observada, ya sea existente o por crear, las ideas se afilan cuando son cuestionadas por la curiosidad.

El Para qué sirve y mucho, pues desencadena múltiples enfoques y usos en lo que a oportunidades de negocio se refiere.

El poder de la curiosidad estimula el pensamiento y la creatividad, mientras más curioso seas más probabilidades de soluciones serás capaz de generar.

No hay límites para visualizar

Existe la creencia de que para hacer fortuna hay que partirse el lomo trabajando, esto es falso, absolutamente falso.

El éxito financiero no depende de la cantidad de horas que trabajes, el dinero, la riqueza y la abundancia no están en el trabajo, están en la conducta asumida frente a las ideas viables.

Cuando se detecta una idea realizable, todo lo que haces a su alrededor fluye como por arte de magia, el dinero llega por todos lados, las oportunidades comienzan a aparecer, una mejor que la otra.

Cuando visualices tu futuro no escatimes, cada sensación, cada momento recreado, cada cosa que hagas que te proyecte hacia la realización de tus metas es además de válido coadyuvante, más lo creerá tu cerebro, más próximo estarás a vivirlo.

Siente el dinero en tus manos y míralo en tu poder

No permitas que la fortuna te sorprenda, prepárate para que tus ideas comiencen a rendir beneficio, visualiza cómo será tu vida cuando tengas todo el dinero que sueñas, el éxito no debe agarrarte desprevenido pues a lo mejor no sabrás qué hacer con él.

Nuevamente te invitamos a que te realices las preguntas: ¿Cuánto dinero quieres tener? ¿Cuán rico quieres ser?

Si no tienes claro esto nunca vas a obtener tu independencia financiera pues no sabrás cómo afrontar tu nueva realidad.

El día de hoy toma lápiz y papel, escribe algo como esto: "A partir de hoy dejaré de ser pobre, el dinero vendrá a mí, en cinco años seré millonario" fírmalo, escribe la fecha y colócalo en un lugar visible, cada vez que veas y leas esta nota visualiza tu futuro, trae esa imagen y todas las sensaciones posibles a ese momento y repite la mayor cantidad de veces que puedas el ejercicio.

Tu meta será lograda en la medida en que potencies tu pensamiento a través de la auto repetición el fervor, la emoción y el sentimiento que imprimas a tu deseo.

Aumenta tu concentración

¿A dónde quieres llegar? ¿En qué punto te encuentras en este momento? ¿Cómo sabrás si vas por el camino correcto? ¿Cómo sabrás si has llegado a donde quieres?

Concentrarte en trazar el camino a seguir impedirá que ocurran desviaciones.

Todo proyecto a emprender se topará con circunstancias que intenten desviar tu atención, mantenerte focalizado en las interrogantes con las que iniciamos este apartado incrementará tus niveles de concentración y enfoque, fomentando en ti la capacidad de solucionar las contingencias presentadas sin perder el norte.

El desconocimiento del punto de partida incide negativamente, por ello ser consciente de cuánto falta, de qué requieres, de cuánto debes permitirá focalizar tu atención en adquirir lo necesario o en valerte de los recursos con los cuales puedas llegar a contar para avanzar al nivel siguiente.

Desear tener mucho dinero no es saber a dónde se quiere llegar. Debes saber para qué lo quieres y qué hacer con él en el momento en que se consume ese deseo, no tenerlo claro aún habiéndote reprogramado hará que tan rápido como llegue la riqueza a tu vida se te escurra de las manos.

La especificidad es clave, mientras más detalles incluyas en tus objetivos más se orientará tu concentración hacia la acción.

Tu capacidad para concentrarte en tus deseos incidirá en el desarrollo de tus habilidades para valerte de la autosugestión y así lograr que el mero deseo trascienda y se convierta en una sana obsesión.

Recuerda siempre, tú decides qué pensar, de ese modo diriges y controlas tu ambiente, canalizas tu vida hacia donde quieres, permaneces concentrado en tu voluntad orientada al logro y en la creación de hábitos conductuales.

Si no ejerces control sobre tu mente, esta te controlará a ti.

Tu sexto sentido te guiará

Una vez que tengas claro que quieres ser millonario y lo que eso significa para ti, asociado a estados positivos, estarás convencido de que puedes lograrlo. Automáticamente tus comportamientos, pensamientos y acciones serán redirigidos hacia el trabajo por lograrlo, las ideas inundarán tu mente que por cierto ya se encuentra preparada para recibir el éxito e independientemente de la escasez o bonanza que rodee el sector en el que te desenvuelvas siempre estarás orientado hacia la atracción y multiplicación de riqueza, hacia la búsqueda de soluciones y no habrá poder que se interponga.

El sexto sentido es aquella parte de tu mente que presiente, que intuye. Para que la intuición juegue a favor, es necesario comprenderla, eso se logra estimulando el desarrollo mental y la meditación.

Naturalmente hay quienes son más habilidosos en la utilización del sexto sentido, otros en cambio requieren la práctica de actividades tendentes a su desarrollo, en cualquier caso, la mente preparada para el éxito cuenta con la ayuda extra de la intuición que se une al conglomerado de elementos intervinientes en la materialización de los deseos.

Escucha tu voz interior.

7 pasos para estimular tu subconsciente

La mente subconsciente ejecuta las órdenes que ha recibido a través de los pensamientos las ideas y las emociones.

Ya hemos comentado previamente que la autosugestión es el medio para influir en el subconsciente. Transformar un plan, una idea o un propósito en algo concreto se realiza indirectamente a través de la autosugestión.

El estímulo reiterado conjuga todas las técnicas esbozadas a lo largo de este libro la confianza, la visualización, la concentración y la imaginación, su objetivo es la creación hábitos de pensamientos favorables que al reforzarse con la intensidad del sentimiento hace más susceptible activamente al subconsciente hacia el impulso deseado.

Un ejercicio para estimular el subconsciente, Afirmar y Repetir:

1. Procura a diario un momento de tranquilidad y soledad en un lugar en el cual te sientas cómodo y a gusto y en el que puedas dedicarte exclusivamente a pensar en tu objetivo.

2. **Afirma a viva voz**: lee en voz alta, una afirmación sobre tu deseo de ser próspero, millonario y feliz. Involucra en esta acción tus sentidos, visualiza el panorama, siente y emociónate con tus palabras y con las ideas que llegan a tu mente. Cuánto deseas tener, en cuanto tiempo deseas lograrlo, cuál sería la fuente probable de tu riqueza, en qué podrías emprender para conseguir la riqueza que quieres. Incluye en tu afirmación a tu subconsciente, ordénale que trabaje en función de dar cumplimiento a tus deseos.

3. Deja que las ideas fluyan en tu cabeza una vez te visualices tal y como quieres llegar a estar, con el dinero que quieres llegar a tener. Estas ideas tomarán la forma de un plan que debes comenzar a perfeccionar y que debes comprometerte a seguir.

4. Toma por hábito **repetir** a viva voz cuando menos 3 veces al día esta afirmación y durante la mayor cantidad de espacios que poseas en tu día a día, internamente continúa repitiendo. Mientras más veces **afirmes** tu mente subconsciente aprenderá el patrón, tomará la orden y accionará en función de esta.

5. Coloca en un lugar visible tu afirmación, cada vez que veas el papel léelo, memoriza imprimiendo toda la emoción posible, en la medida en que vayas haciendo

hábito de esto, tu creatividad se activará y tu mente generará más y mejores ideas.

6. **Cree** en lo que haces y no permitas que el escepticismo se apodere de ti. En muy poco tiempo sentirás como se transforma tu forma de ver la vida y tu propia actitud.

7. **Escribe** la añorada cifra, haz un cheque con la cantidad que quieres llegar a obtener, fírmalo, ponle fecha y contémplalo siempre.

Piensa repetidamente que el dinero es consecuencia de tu actitud canalizada hacia tu deseo por medio de una meta a la cual le has fijado valor monetario y plazo.

Si le ordenas al subconsciente que te haga millonario a través de prácticas de autosugestión ese será tu camino.

El poder de tu mente

La humanidad se encuentra controlada por una cantidad de fuerzas intangibles y a sus influencias se encuentra sometida.

La gravedad y la inercia entre muchas no pueden ser vistas, sin embargo sus efectos son innegables y se fundamentan en criterios comprados.

El poder de la mente es similar a esto, no podemos verlo ni palparlo pero su incidencia en las personas es un hecho irrefutable.

En capítulo previo se ha referido que la creencia y la fe son estados mentales coadyuvantes en tu proceso para atraer la fortuna, la riqueza y la abundancia. En torno a ello muchas personas asocian esa fe a la espiritualidad, incluso llegan a delegar en el ser supremo les sea otorgada esta bendición.

Respetando los parámetros de la fe de cada quien, es importante señalar que aquellos que han logrado riqueza tienen como punto común el haber arraigado en su pensamiento el deseo y el convencimiento de poder hacerlo, entonces, inferir qué se debe hacer no es difícil. Cree, ora, medita, adora a tu Dios, pero por sobre todas las cosas, si quieres ser millonario actúa como si lo fueras, piensa como millonario, visualízate.

Si tienes problemas para que el dinero llegue a ti o si al llegar se esfuma seguramente es porque posees patrones instalados en tu cerebro adquiridos por la vía de la experiencia vivida. Si no reconoces tus creencias limitantes no podrás sustituirlas por aquellas que te lleven hacia tu objetivo.

Si alojas en tu mente la concepción en sentido negativo de las típicas creencias mal infundadas respecto del dinero, si te propones pensar que el dinero sí es bueno, que puedes tener mucho dinero sin partirte el lomo trabajando, que eres y te sientes rico, que los ricos sí van al cielo, que los ricos son de buen corazón,   tu mente actuará suponiendo que así es.

La mente humana es extraordinaria y poderosa. La riqueza, la abundancia, la facultad de atraer el dinero y de multiplicarlo nace, crece y se reproduce en los estados mentales deliberadamente controlados. La red de pensamientos que se alojan en la mente al ser mezclados a propósitos y finalidades específicas así como al ferviente deseo y la voluntad de transformación es el vehículo expreso para la obtención de todo cuanto el ser se proponga.

Programando intencionalmente la mente, es posible lograr superar la tendencia a la derrota o al fracaso.

Una cosa es afrontar la derrota temporal que en algún momento hayas tenido que atravesar y otra muy distinta es dejarte dominar por el temor al extremo de paralizarte y de ni siquiera intentar por pensar de antemano que vas a fracasar.   Todo éxito es precedido de fracasos, de tal forma que la reprogramación de la que se hace referencia es relativa a resistir, manejar y saber afrontar los tropiezos que en el camino seguramente se van a presentar.

Si tu mente abriga la idea de lo imposible jamás conocerás el éxito. Tu subconsciente no distingue entre pensamientos que construyen o destruyen, solo obedece a los patrones en ella alojados y conforme a estos opera.

Los hábitos y el poder de los pensamientos de aquellas personas con quienes te asocias son contagiosos. Rodearse de un círculo social de personas con finalidades comunes permitirá la combinación de esfuerzos mentales que los impulsarán a todos hacia el eficiente logro de sus objetivos.

Ahora que, los bloqueos mentales respecto del dinero tienen una poderosa fuerza y no es suficiente con solo afirmar, visualizar, desear, orar, hay que actuar adoptando medidas en el plano físico evitando así quedar en el sueño y convirtiendo el deseo en una categórica y definitiva realidad.

Capítulo 4

EL CONOCIMIENTO ESPECIAL ES VALORADO

"El cerebro no es un vaso por llenar, sino una lámpara por encender"

Plutarco

Los millonarios saben de su negocio, y mucho.

Puedes obtener todo el conocimiento que necesitas

El aprendizaje es una de las principales características del ser humano y está relacionado con el cambio constante del comportamiento que proyecta la adquisición de un conocimiento u habilidad.

El aprendizaje se relaciona con el uso de las capacidades cognitivas y cerebrales, el proceso de aprendizaje le permite a los seres vivos adaptarse a las distintas variantes de su entorno.

Es en ese proceso donde se adquiere el conocimiento necesario para producir y manejar cambios dentro del entorno.

El aprendizaje significativo es un conocimiento generado en base a los intereses particulares de cada persona y se asocia al conocimiento en un área específica del saber.

Por lo general el conocimiento de se da a través de la interacción con el entorno social y físico. El ambiente donde se desarrolla un individuo es determinante para todo aquello que vaya a aprender, primeramente aprendemos procesos conductuales, como gatear, caminar, y así poco a poco vamos adquiriendo el conocimiento que nuestro entorno nos vaya enseñando, por ejemplo el idioma, la religión, los valores, entre otros.

Todo proceso de aprendizaje implica una interacción con el entorno. Es importante destacar que los conocimientos adquiridos se pueden modificar según la influencia de los elementos sociales, por ejemplo, muchas personas en momentos determinados cambian de religión, o adoptan costumbres culturales que no le son propias, dejando a un lado aquella ideología enseñada durante su infancia.

Existe el conocimiento general que es de poco uso al tratar de producir dinero, puesto tiende a ser libre y cualquiera lo puede obtener fácilmente, en cambio el conocimiento específico o especializado con la debida gestión **es en donde se puede encontrar fortuna**, el desarrollo de una vacuna o un medicamento efectivo es una mina de dinero por su amplia aplicación y el bienestar que conlleva su uso, esto es un ejemplo de conocimiento especializado, en cambio un remedio natural de hierbas para la migraña es un conocimiento que general se pasa de abuelas a hijas, esto es conocimiento general, vemos que tiene poco potencial de producir dinero.

Encuentra ese conocimiento

La riqueza está en el conocimiento específico o especializado que te separa del colectivo. Saber te hace valioso y te permitirá ganar mucho dinero, saber hace que te conviertas en eso que quieres ser. Justamente allí está tu fortuna.

El aprendizaje significativo es aquel que se obtiene sobre materias del interés particular, es voluntario y más profundo porque hay disfrute en el proceso de aprender y una convicción positiva, que te llevará a trabajar con pasión en ese campo que escogiste o consideras se te da con gran facilidad.

Cada persona tiene habilidades y capacidades para ser más exitoso en algún campo del saber o del ejercer, tu tesoro está en tus conocimientos no en tus bolsillos ni en tus cuentas bancarias.

La habilidad para conseguir dinero con ese conocimiento especializado sobre un proceso, mercancía, mercado o profesión está en que el individuo debe saber dónde encontrar el conocimiento, cuándo es necesario instruirse y cómo generar un plan de acción para convertir ese conocimiento en dinero.

Los hombres exitosos nunca paran de adquirir nuevos conocimientos sobre su principal propósito, no hacerlo los lleva a la obsolescencia y a perder vigencia. Así lo refirió Warren Buffet, CEO de Berkshire Hathaway uno de los fondos de inversión más grandes de la historia de las finanzas y también poseedor de una de las fortunas más grandes sobre la tierra en uno de sus primeros consejos a inversionistas *"NUNCA INVIERTAS EN UN NEGOCIO QUE NO PUEDAS ENTENDER".*

Las ideas sencillas han dado grandes resultados

Por increíble que parezca las ideas más productivas no siempre han sido complicadas. A continuación te mostraremos una serie de ideas simples que han producido millones:

1. **Post it**: Quien no conoce ese block de notas adhesivas que podemos dejar como recordatorio en la nevera o en la pantalla de la computadora. En 1960 Spencer Silver creó un pegamento con características especiales, no era muy bueno pegando cosas, años después la mundialmente reconocida empresa 3M, utilizó dicho pegamento para los marcadores de un libro, vieron el potencial del producto y ahora todos tenemos notas de recordatorio.

2. **Facebook**: Su creador Mark Zuckerberg alrededor del año 2000 era un estudiante de la Universidad de

Harvard y con otros estudiantes creó un sitio web para compartir fotografías e historias de estudiantes de la universidad dado que habían muchos anuarios dispersos. El furor fue tal que colapsaron el servidor de la universidad, lo que vino luego ya es historia. Hoy Facebook es la red social por excelencia a nivel mundial, una empresa valorada en billones de dólares.

3. **Pet Rock o mascota de piedra**: fue una invención de Gary Dahl a mediados de los años 70. Este chico escuchando la queja de sus amigos sobre la atención que requerían sus mascotas decidió crear una mascota de piedra, si como lo escuchan, diseñó un empaque llamativo como si se tratará de un animal vivo y escribió un curioso y gracioso manual con instrucciones como "SI LE PIDE QUE SE SIENTE DOS VECES Y NO LO HACE, MEJOR NO INSISTA". Las Pet Rock costaban 4 dólares y se vendieron más de un millón y medio de ejemplares. Consideremos que eran los años 70 y no había internet, esto nos demuestra que una idea para ser millonaria no tiene que ser genial, lo que nos parece una tontería con el marketing adecuado puede ser todo un éxito.

4.
No necesitas empezar desde abajo

Si gracias a tu conocimiento específico o a la investigación de mercado posees una idea innovadora con capacidad para producir dinero pero no tienes el capital para llevarlo adelante, te informo que no tienes un problema, al día de hoy hay inversionistas ávidos de proyectos de inversión sencillos con alta capacidad de retorno creados por personas con el conocimiento adecuado pero sin la capacidad financiera para llevar adelante el proyecto.

¿Tienes un proyecto? excelente, concéntrate en levantarlo desde el punto de vista de antecedentes, factibilidad técnica y financiera, de retorno de inversión, posible mercado a atender, impacto ambiental entre otros y por supuesto debes cuantificar cuánto financiamiento requiere y cómo lo vas a devolver a tus prestatarios.

Está claro que los mecanismos de financiamiento tradicionales como los bancos son muy limitados a la hora de atender al sector emprendedor, pero si no consigues un inversionista interesado o el financiamiento bancario te pide garantías y requisitos que no tienes, puedes siempre acudir al CROWDFUNDING, esto es un mecanismo de micro financiación colectiva en donde los emprendedores presentan proyectos a una comunidad y estos pueden hacer inversiones muy pequeñas, pero como son muchas personas pueden alcanzar a financiar un proyecto de magnitudes financieras considerables, a cambio a los pequeños inversionistas usualmente se les ofrece una participación en las utilidades de la implementación del proyecto.

Otra opción para apalancar emprendimientos muy en voga en estos tiempos son las incubadoras de empresas y los ángeles inversionistas.

Es de notar que a través de estas plataformas los pequeños inversionistas toman participación en proyectos de alto riesgo y muy alta potencialidad de producir dinero.

El capital no es problema cuando la idea es buena.

Capítulo 5

LA IMAGINACIÓN

"Donde hay una empresa de éxito, alguien tomó alguna vez una decisión valiente"

Peter Drucker

Si eres capaz de imaginarlo lo puedes hacer.

La mente subconsciente es el lado transmisor del cerebro humano, paralelamente a ello, la imaginación creativa es el lado receptor.

En este sentido, la autosugestión es la forma como opera la transmisión, en tanto que la imaginación es el centro de construcción de los proyectos y los planes. Ante el mínimo impulso o estímulo la capacidad imaginativa de la mente es estimulada.

Maneras de imaginar

El propósito de vida se vincula a la pasión y la vocación, a aquello que se ama hacer, en consecuencia todo paradigma arraigado inherente al dinero, al trabajo y a la prosperidad sufre necesariamente una modificación en sentido positivo cuando nos dedicamos a lo que **verdaderamente queremos**.

Cuando llegamos a ser diestros en nuestra especialidad gracias al conocimiento adquirido potenciamos la creatividad, hacemos que las cosas fluyan y reconocemos el nuestro verdadero valor, nos llegamos a sentir ricos no por el dinero producido sino por la transformación que hemos logrado, así es como la conciencia de prosperidad se arraiga en cada tejido de nuestro cuerpo y de nuestra mente.

Potenciar la creatividad es imaginar a lo grande, sin embargo no es la única forma de imaginar.

La imaginación puede ser artificial o creativa.

La imaginación artificial ordena en diversas combinaciones conceptos o ideas preexistentes. No crea, no es origen pero sí organiza, diversifica y es útil en cualquier plano de la existencia.

La imaginación creativa concibe nuevas ideas o conceptos partiendo de alguna inspiración o de alguna premonición. Es la expresión máxima de la potencialidad de la mente y de todo lo que bien utilizada esta puede producir. Es la imaginación creadora de riqueza.

Aumente su imaginación

Los líderes destacados de la humanidad han forjado su éxito gracias al desarrollo de su imaginación creativa.

Imaginación y lógica pueden entrar en conflicto, ante esta situación la imaginación suele anteponerse.

La imaginación en todo sentido debe ser estimulada, la creatividad mucho más, para ello la práctica es clave:

- Reta a tu mente, mientras más le pidas, más te dará.
- Concéntrate en el deseo, magnifícalo y enfócate en pensar cómo hacerlo realidad.
- Nuevamente visualiza, piensa que estás disfrutando tu meta realizada.
- Piensa que todas tus ideas pueden ser transformadas en dinero y que para esto tienes un plan, créelo.
- Fíjale precio a tus ideas.
- Diseña formas de venta de tus ideas, une al creador y al vendedor que reside en tu interior.
- Alimenta tus ideas, impúlsalas, modifícalas, así permanecerán vivas y se multiplicarán.

En la medida que inundes tu pensamiento con reiteradas ideas que impulsen la creatividad tu mente comenzará a vagar entre tanto instala el patrón, posteriormente, al ser bombardeada con prácticas potenciadoras y estimulantes responderá y te darás cuenta de ello pues el cambio será notorio.

Lograrás visualizar tus metas como realidades cada vez más próximas.

Las leyes de la riqueza

En su obra "El dinero es mi amigo" el autor Phil Laut enuncia las 4 leyes de la riqueza, 4 principios que le dan sentido al arte de saber crear, mantener y multiplicar el dinero:

1. **La ley de ganar:** La riqueza humana es una creación exclusiva de la mente.
2. **La ley de gastar:** el valor del dinero lo determinan comprador y vendedor de manera conjunta. El gasto orientado hacia la producción de dinero, hacia el ahorro y hacia la disminución de aquello que no retribuirá beneficio alguno.
3. **La ley de ahorrar:** El dinero sobrante del ingreso debe acumularse, esto produce seguridad, tranquilidad y sensación de abundancia.
4. **La ley de invertir:** multiplicar el dinero, gastar el capital con la finalidad de aumentar el ingreso. Esta ley combina las leyes del ganar, gastar y ahorrar.
5.

Cómo vivirías con un millón de dólares

Sin visión no hay cambio, sin cambio no hay crecimiento, sin crecimiento no hay fortuna.

La **pasión** es la fuerza que mueve a hacer grandes cosas. Cuando te dedicas a hacer lo que amas encuentras emoción, placer y satisfacción.

Los millonarios sienten el trabajo como un pasatiempo pues para ellos representa la viva expresión de una pasión.

Si hoy día tuvieras un millón de dólares ¿Dónde estarías? ¿Cómo vivirías? ¿A qué te dedicarías?

La respuesta a estas interrogantes te permitirá identificar dónde se encuentra tu mayor posibilidad de hacer fortuna.

Otro trabajo práctico: encuentra ese arte, ese oficio, ese negocio o profesión al cual te dedicarías aunque fueras millonario, aunque no te pagaran por hacerlo, ¿lo tienes? Bien, es justo ahí donde a partir de ahora debes estar.

Convierte tus ideas en dinero efectivo

La materialización de las ideas es la consecuencia de la aplicación de una metodología rigurosamente aplicada en el accionar. Si bien la preparación mental es crucial, la acción en el plano físico no es menos importante. De allí que sistematizar es lo que sigue, teniendo en cuenta que:

- Visión, razón y motivo clarifican el para qué se quiere.
- Decisión y acción mantienen la orientación al logro.
- Enfocar energía y tiempo crea dinámicas de éxito que se manifiestan en productividad.
- Afrontar el miedo genera confianza.
- Reconocer los recursos no monetarios incrementa el capital.
- Valerse de aliados, comunidades y redes con personas comprometidas con finalidades afines acelera el proceso.
- Apoyarse en mentores ahorra tiempo dinero y esfuerzo además de brindar la objetividad del criterio de una autoridad en la materia.
- Evaluar, revisar el plan y verificar su cumplimiento permite redireccionar en caso de ser necesario.
- Identificar las acciones más productivas y dedicar mayor tiempo y esfuerzo a ellas eleva las posibilidades.
- Persistir fortalece la voluntad.
- Identificar el vehículo y el tesoro impide que los objetivos sean desviados.
- Ser paciente con el universo, con los demás y con uno mismo facilita el flujo.
- Resistir fomenta la capacidad de recuperación y promueve el sacar partido de toda circunstancia.

- El entusiasmo, compromiso y decisión de lucha mantienen el estado de clímax y la disposición hacia la realización.

Capítulo 6

NECESITAS UN PLAN

"Algunas personas quieren que algo ocurra, otras sueñan con que pasara, otras hacen que suceda"

Michael Jordan

Improvisar no es de ricos

Las organizaciones más exitosas del mundo no gestionan sus grandes conglomerados en base a la inercia, la improvisación o a las oportunidades del día o de la temporada, estas organizaciones tienen muy clara su razón de ser o Misión y también establecen su objetivo como organización a largo plazo, esto es su Visión. Son muy objetivas para identificar realmente dónde están cuando hacen sus diagnósticos, cuáles son sus fortalezas y oportunidades y en el análisis externo se concentran en los competidores y en sus amenazas.

Una vez están claros y convencidos de cuál es su situación actual, su misión y su visión hacen planes de trabajo con el fin último de alcanzar su visión, formulando objetivos estratégicos a corto, mediano y largo plazo, todo este proceso es conocido como Planificación Estratégica.

El Plan Estratégico Personal

Si la planificación estratégica funciona para las grandes organizaciones y las personas más exitosas, entonces no dejemos nuestro futuro simplemente a las buenas intenciones y a la exclusiva motivación, elaboremos un plan estratégico personal, acá te enseñaremos brevemente como hacerlo:

1. Preliminar

Establecer tu visión objetivo es fundamental como ser humano, pero como humanos no somos empresas y nuestro único fin no es generar valor para el accionista, debemos lograr un desarrollo armónico en varios aspectos de la vida por lo cual enfocaremos el Plan Estratégico Personal desde 5 perspectivas tratando de cubrir el mayor número posible de aspectos de vida.

Perspectiva Estratégica   Descripción
Perspectiva Familia   La perspectiva familia engloba lo inherente a las relaciones entre el individuo y su entorno más cercano, cónyuge, hijos, padres, hermanos

Perspectiva Laboral   Se refiere a la interrelación del individuo con su entorno laboral como empleado, autónomo o empresario

Perspectiva Finanzas   La perspectiva finanzas se refiere a la sanidad de la situación financiera y la capacidad de generar ingresos pasivos y riqueza.

Perspectiva Salud La perspectiva Salud está pensada para incluir en ella lo referente a prevención de enfermedades, estilo de vida saludable y recreación.

Perspectiva Aprendizaje La perspectiva aprendizaje compone los objetivos de educación formal y no formal, el ser humano debe estar en constante aprendizaje

1. Diagnóstico Personal

Por cada una de las perspectivas el individuo debe puntualizar su situación actual, cómo está en este momento. La objetividad en el diagnóstico de tu situación actual permitirá tomar las acciones adecuadas y efectivas para alcanzar los objetivos planteados.

PERSPECTIVA ESTRATÉGICA DIAGNOSTICO

Perspectiva Familia   1. No tengo comunicación con mis padres
2. Me la llevo mal con mi pareja

Perspectiva Laboral   1. No tengo estabilidad laboral, solo un contrato
2. Tengo un segundo trabajo los fines de semana para completar los gastos

Perspectiva Finanzas   1. Apenas llego a fin de mes
2. No tengo vivienda propia, pago alquiler
3. No tengo ahorros
4. No tengo ingresos pasivos

Perspectiva Salud 1. No he ido al médico en años
2. Fumo, tomo café en exceso y bebo los fines de semana
3. Duermo muy poco tiendo al insomnio
3. No me alimento de manera saludable

Perspectiva Aprendizaje   1. No he tomado cursos de capacitación en años
2. Solo hablo un idioma
3. No sé cómo mejorar mis finanzas

2.   Objetivos
Por cada una de las perspectivas determinadas debes establecer objetivos de corto, mediano y largo plazo considerando que cada uno de estos debe contar con ciertos elementos como lo es que su redacción debe implicar una acción, deben ser alcanzable, medible y sobre todo debe implicar un esfuerzo su logro.
Ejemplo de Objetivos PLAN ESTRATÉGICO PERSONAL
PERSPECTIVA ESTRATÉGICA 1 AÑO 2 AÑOS 5 AÑOS
Perspectiva Familia   1. Dedicar 4 horas por semana de tiempo de calidad a mis hijos
2. Mejorar la relación de pareja con terapia
3. Abrir la comunicación con mis padres   1.   Hacerme amigo de mis hijos

2. Consolidar mi matrimonio
3. Alcanzar una buena relación con mis padres y hermanos
4. Comprar una casa   1. Consolidación de todos los anteriores
2. Comprar una casa en la playa

Perspectiva Laboral   1. Conseguir un solo trabajo bien pagado y a tiempo indeterminado   1. Elaborar el proyecto de mi empresa de Construcción   1. Conseguir financiamiento y echar a andar el proyecto de mi empresa

Perspectiva Finanzas   1. Ahorrar el 5% de mis ingresos   1. Iniciar un fondo de inversión para la vejez y la universidad de mis hijos   1. Hacer rentable el proyecto de empresa

Perspectiva Salud 1. Tomar chequeos médicos semestrales
2. Dejar el cigarrillo y moderar el café
3. Caminar 20 minutos diarios   1. Tomar 10 días de vacaciones familiares
2. Tomar una hora de ejercicio diario   1. Tomar 20 días de vacaciones familiares
2. Tomar una hora de ejercicio diario

Perspectiva Aprendizaje   1. Tomar cursos de capacitación e inserción laboral y PNL
2. Iniciar el aprendizaje de ingles   1. Tomar un curso de formación de empresas y finanzas
3. Consolidar el ingles   1. No he tomado cursos de capacitación en años
2. Solo hablo un idioma
3. No se cómo mejorar mis finanzas

Una vez formulados los objetivos tenemos el Plan Estratégico Personal, hasta acá no llega el trabajo, apenas empieza, por cada objetivo debes desarrollar y escribir cada una de las actividades que te permita alcanzar ese objetivo en específico.
Es muy importante que hagas un seguimiento por lo menos cada tres meses, allí sabrás qué lograste y que no,

actualizarás tu plan y lo ajustarás a tus necesidades. Tu planificación así como la realidad no es estática, está siempre en constante cambio, hay que saber moverse a su ritmo.

Si tu plan no funciona ¡Vuélvelo a hacer!

Si de planes hablamos podemos pecar de ambiciosos y trazarnos objetivos irrealizables, o tal vez no conocemos una materia y encontramos limitaciones que desconocíamos, esto no te puede pasar solo a ti, las grandes organizaciones tienen equipos altamente calificados de planificación y seguimiento los cuales se dedican permanentemente a modificar y actualizar los planes que van sufriendo alteraciones o modificaciones como consecuencia de la incidencia de situaciones internas y externas.

Acá lo verdaderamente valioso es entender que el cambio es la única constante y persistir la única obligación, si las grandes empresas lo hacen ¿por qué no tú?

Muchos líderes empiezan como seguidores

Entendemos como liderazgo la capacidad de un individuo de influir en un grupo humano con el fin de movilizarlo hacia el logro de unos objetivos.

El líder se vale de sus conocimientos, habilidades y en algunos casos del carisma para tomar la batuta.

Existen liderazgos basados en el miedo, la represión, la imposición y por otra parte está el liderazgo genuino que se desprende del reconocimiento del grupo hacia un individuo que considera el más capacitado y en quien confían para que les dirija hacia el logro de sus finalidades.

En temas de dirección humana no existe el yunque y el martillo, como separar a personas entre líderes y seguidores, puesto que los líderes en su proceso de formación han sido seguidores, lo destacable es que los líderes más **exitosos** son aquellos que se encargan de **formar las nuevas generaciones de líderes**, no dejan al azar su sucesión, es una tarea que se viene gestando mucho antes de cualquier relevo.

Este tipo de líder entiende que para crecer hacia posiciones más relevantes en el poder tienes que tener un reemplazo formado, se retroalimenta continuamente de su entorno y asume los cambios con naturaleza, sabe que el liderazgo no es un privilegio sino como una responsabilidad con sus seguidores, es una filosofía de servicio. Esto no quiere decir que este tipo de líderes sean incapaces de tomar decisiones difíciles o poco populares, este liderazgo está basado en el logro de los objetivos y en la unión del equipo.

Cualidades de un líder

Las competencias que le permiten a un individuo tomar la iniciativa de un equipo para llevarlo hacia el logro de la misión encomendada varían incluso de acuerdo a la cultura. Así vemos que en las monarquías el derecho de la sangre entrega el liderazgo del reino aun en la actualidad, a pesar de esto la historia nos ha mostrado monarcas que no han tenido las dotes necesarias para dirigir sus reinos y han abdicado o han sido derrocados, por eso el líder genuino es aquel en que la gente confía y sigue.

Las cualidades necesarias para el liderazgo inteligente son las siguientes:

- Conocedor de la materia
- Compromiso
- Con vocación de servicio
- Didáctico
- De Carácter
- Comunicativo y con capacidad de escucha
- Carismático
- Motivador
- Disciplinado

- Emprendedor e innovador
- Confiable y responsable
- Con capacidad de convencimiento y negociación
- Apasionado
- Colaborador
- Generoso
- Enfocado en resultados

La práctica del liderazgo efectivo requiere que el líder trabaje y cultive continuamente tanto el conocimiento como las habilidades para manejar un equipo o dirigir un colectivo.

Los líderes también fracasan

El fracaso de un líder ocurre cuando este se muestra incapaz de llevar al equipo al logro del objetivo y pierde la confianza de sus seguidores, en ese momento podrá ejercer el poder del puesto pero no el liderazgo.

También ocurre cuando el líder se desconecta de sus seguidores debido a prácticas e imposiciones que van en contra de la filosofía y cultura del grupo, el líder no solo debe parecer capaz de guiar al equipo, debe demostrarlo.

Son fallas recurrentes en el liderazgo:

- La resistencia al cambio, aquel líder que llega a una zona cómoda y lleva su organización y su equipo a situaciones que comprometen incluso existencia.
- El temor a la capacidad de sus seguidores, esto sucede cuando el líder bloquea a cualquier posible reemplazo considerándolo una amenaza y no un activo valioso.
- El no delegar, esto es, pretender concentrar todo el poder y criminalizar la iniciativa de sus seguidores.
- No prestarle atención a la formación de talento, esta situación condena el desarrollo del talento humano en las empresas y afecta su capacidad de crecimiento.
- No implantar una cultura de medición del desempeño, hay liderazgos muy fuertes que se centran en el líder y no en la organización y su equipo, para llevar al equipo al éxito hay

que implantar la cultura del logro y la medición del desempeño, los seguidores deben estar claros en que espera la organización de ellos y como ha sido efectivamente su desempeño.

Los campos fértiles para el líder

Las situaciones que son prueba de fuego para todo líder son aquellas que representan conflicto y dificultad. Es en medio del problema cuando se demuestran los liderazgos y cuando se forjan las grandes alianzas entre el líder y sus seguidores.

Un aleccionador ejemplo es el caso del primer ministro Inglés Winston Churchill, en los tiempos de la segunda guerra mundial, quien ante el congojo por el sufrimiento, las privaciones, bombardeos y muerte de sus hombres en batalla, sabía conectar con su pueblo para inspirarlo y guiarlo a la victoria, una frase muy celebre suya fue *"UN POLITICO SE CONVIERTE EN ESTADISTA CUANDO COMIENZA A PENSAR EN LAS PROXIMAS GENERACIONES Y NO EN LAS PROXIMAS ELECCIONES"*.

En épocas de crisis como la burbuja inmobiliaria del 2008, que provocó el quiebre de muchas empresas, la caída significativa de la producción en los países industrializados, la paralización del sector de la construcción y el descalabro del mercado hipotecario a nivel global, emergieron nuevos liderazgos para recomponer la economía, a saber de ellos en Estados Unidos llego Barack Obama a la presidencia con la promesa de sacar a América de la recesión y en Alemania la canciller Angela Merkel quien ha liderado el programa para llevar la eurozona de nuevo al crecimiento.

El capital es la base de la riqueza

El dinero de por si no es la única motivación del ser humano, pero sin duda alguna es el instrumento para el desarrollo de la calidad de vida y el desarrollo personal.

La educación, la salud, la vivienda y el esparcimiento implican la utilización de recursos económicos importantes, por tanto existe la obligación de procurar la mayor cantidad de estos para su satisfacción plena.

El dinero es prosperidad y es el medio para alcanzar tu máximo potencial, sin embargo, el capital no es solo dinero.

Muchos desmayan por no tener dinero, obviando que en su haber cuentan con una cantidad de recursos que son considerados como parte integrante del capital.

Las habilidades y destrezas, lo aprendido, los dones, las inclinaciones, las virtudes representan activos importantes.

Parte del plan de todo cerebro millonario debe contar con la sincera y responsable expresión del recurso con el que se cuenta de manera inmediata tangible o intangible y de aquel que debe ser procurado por medios externos.

Listo para la riqueza, preparado para ser rico

En lo interno, en lo físico y en lo intelectual ya a estas alturas debes saber cuál es tu orientación. Ya estás preparado para que tu vida se inunde de las maravillas que has soñado.

Ya sabes que tras la riqueza no se esconde un secreto y que hallarla depende exclusivamente de tu trabajo contigo mismo.

Finalmente, solo una interrogante más, ¿Crees que estás listo?

¡Deja que tu cerebro millonario te lleve a donde quieras!

El hombre que mueve una montaña comienza llevando pequeñas piedras

Todos los derechos reservados.

Queda rigurosamente prohibida, sin autorización escrita de los titulares del copyright, bajo las sanciones establecidas por las leyes, la reproducción total o parcial de esta obra por cualquier medio o procedimiento, comprendidos la reprografía, el tratamiento informático, así como la distribución de ejemplares de la misma mediante alquiler o préstamo públicos.

DISCLAIMER AND/OR LEGAL NOTICES: